Mercado de Capitales como

Herramienta de Crecimiento

Título Original:

MERCADOS DE CAPITALES COMO HERRAMIENTA DE CRECIMIENTO

Autor: Ernesto Antonio Hurtado Ubeda

Copyright ©2017 Ernesto Antonio Hurtado Ubeda

Primera Edición

ISBN-13: 978-1973975168

ISBN-10: 1973975165

INDICE

INTRODUCCION

El mercado de capitales es una "herramienta" básica para el desarrollo económico de una sociedad, ya que mediante él, se hace la transición del ahorro a la inversión; moviliza recursos principalmente de mediano y largo plazo, desde aquellos sectores que tienen dinero en exceso (ahorradores o inversionistas) hacia las actividades productivas (empresas, sector financiero, gobierno) mediante la compraventa de títulos valores. Como es sabido, por medio de una mayor propensión al ahorro, se genera una mayor inversión, debido a que se producen excedentes de capital para los ahorradores, los cuales buscan invertirlos y generar mayor riqueza. Esta inversión da origen, por su parte, a nuevas industrias generadoras de ingresos, siendo este el principal objetivo del mercado de capitales. Una de las definiciones más

1

fundamentales de mercado de capitales se tiene: "Es el conjunto de mecanismos a disposición de una economía para cumplir la función básica de asignación y distribución, en el tiempo y en el espacio, de los recursos de capital, los riesgos, el control y la información asociados con el proceso de transferencia del ahorro a inversión"1 . "Será valor todo derecho de naturaleza negociable que haga parte de una emisión, cuando tenga por objeto o efecto la captación de recursos del público"

FUNCIONES DE LOS MERCADOS FINANCIEROS

La finalidad del mercado financiero es poner en contacto oferentes y demandantes de fondos, y determinar los precios justos de los diferentes activos financieros. Las principales funciones que se desarrollan a través de los mercados financieros son las siguientes:

- Facilitar la puesta en contacto de los demandantes de fondos con los oferentes de fondos, es decir, poner en contacto a los agentes que intervienen en los mercados financieros.

- La determinación del precio de los activos financieros.

- Dotar de liquidez a los activos financieros. A través de los mercados organizados se logran reducir los costos de transacción, es decir, los costo asociados a la negociación de los activos financieros.

CARACTERÍSTICAS DE LOS MERCADOS FINANCIEROS

Principales características de los mercados financieros (perfectos):

Amplitud: volumen de activos financieros negociados en un mercado. Un mercado amplio permite la satisfacción de los deseos de los oferentes y demandantes potenciales, al proporcionar una gama de activos variada y acorde con las necesidades de los mismos.

Profundidad: número de órdenes de compra y de venta existentes para cada tipo de activo financiero. Un mercado es tanto más profundo cuanto mayor sea el número de órdenes de compra y venta que existen para cada tipo de activo financiero.

Transparencia: facilidad con la que los inversores pueden acceder a información relevante para la toma de decisiones.

INSTRUMENTOS E INSTITUCIONES QUE INTERVIENEN

Los instrumentos financieros son las diversas alternativas de crédito que están disponibles en la economía en un determinado momento. Se diferencian entre sí de acuerdo a la exigibilidad de devolver el capital y/o pagar intereses que adquiere el emisor, a la reajustabilidad que ofrecen, al riesgo y liquidez que presentan, al tipo de tributación a que están afectos, al plazo de vencimiento, etc.

A. Acciones

- **Acciones Ordinarias:** La propiedad sobre este tipo de acciones queda establecida en el Registro del emisor. Las Acciones Ordinarias son nominativas y su transferencia queda establecida en los registros de la compañía emisora.

- **Acciónes Preferenciales**: En términos generales son similares a las Acciones Ordinarias, con la salvedad de que las Acciones Preferentes son privilegiadas con respecto al pago de dividendos, comparadas con las acciones ordinarias.

B. Instrumentos de Deuda: Instrumentos de Renta Fija (deuda de largo plazo)

- **Bonos Bancarios:** Corresponden a instrumentos de deuda emitidos por entidades bancarias para financiar proyectos diversos. Su tasa de interés es generalmente fija, aunque es posible encontrar bonos bancarios con otras características.

- **Bonos de Sociedades Anónimas:** Emitidas ocasionalmente por corporaciones privadas para financiar proyectos de inversión o para reestructurar deuda. Generalmente entregan un interés fijo y son reajustados de acuerdo a la Unidad tributaria. Existen algunas emisiones a tasa flotante dependiendo de las letras del tesoro Emitidas por el banco central o instituciones financieras, o actividades productivas diversas. Estos documentos están indexados de la unidad tributaria.

> *Para el acreedor.*

Pagarés del Banco Central: Son instrumentos emitidos por el Bancos Central para regular la oferta monetaria, apoyar la política y restringir la liquidez de los mercados , financiar los proyectos del Estado o para remplazar deuda externa. En general, estos instrumentos son reajustables de acuerdo a la U.T Pagarés Reajustables con Cupones y letras del tesoro.

Bonos Convertibles: Emitidos por corporaciones privadas para financiar proyectos de inversión, son convertibles en acciones de la compañía

C. Opciones

Los contratos de Opciones sobre acciones, son instrumentos financieros estandarizados, que mediante el pago de un cierto valor llamado prima, otorgan a su poseedor (comprador) el derecho, pero no la obligación, de comprar o vender a un precio previamente establecido y durante un plazo prefijado, una cantidad determinada de acciones. Por otro lado, los vendedores de los contratos de Opciones tienen la obligación de vender o comprar las acciones objeto en los mismos términos anteriormente señalados, cuando el comprador de las opciones así lo requiera. Las fechas de vencimiento de los contratos son bimensuales y corresponden a los meses de febrero, abril, junio, agosto, octubre y diciembre de cada año, existiendo permanentemente tres vencimientos abiertos.

Mercado Primario y Secundario

Mercado Primario: Se refiere a la emisión y primera venta de un instrumento financiero. Ejemplo: Depósito a plazo.

Mercado Secundario: Se encuentra compuesto por instituciones que facilitan la negociación de deuda o capital como, por ejemplo; Corredores de Bolsa. Estos mercados, pueden asegurar la liquidez exigida por los inversionistas, siempre y cuando, su funcionamiento sea eficiente, exista una concurrencia libre entre compradores y vendedores, y los precios establecidos correspondan a la interacción de la oferta y la demanda de mercado. Los instrumentos comúnmente transados son: acciones, renta fija, oro, intermediación financiera, etc.

Participantes Oferentes: Son todas aquellas personas o instituciones que poseen superávit de recursos financieros, lo cual, les permite renunciar a una parte de sus ingresos, para en un futuro obtener una mayor rentabilidad. Por ejemplo: Compra de Bonos, compra de acciones, etc.

Demandantes: Son todas aquellas personas o instituciones que poseen Déficit de recursos financieros, o se encuentran interesados en realizar inversiones, las cuales se podrían financiar a través de, por ejemplo, una Emisión de Bonos.

Intermediarios: Son organizaciones que prestan un servicio, que consiste en reunir a los oferentes de crédito con los demandantes de crédito. Algunas de estas instituciones, pueden además emitir instrumentos financieros, o ser sólo dedicadas al negocio del crédito, y otras

 Liquidez: La liquidez de una acción está relacionada con la mayor o menor facilidad con que un inversionista cualquiera puede comprar o vender esos papeles en el mercado. La liquidez es un concepto relativo, pues no se puede establecer claramente cuándo un papel es líquido o no (depende de la interpretación de una serie de indicadores), sin embargo, es posible establecer comparaciones del grado de liquidez entre diferentes acciones, a través de algunos parámetros, tales como:

- Montos transados
- Presencia (días transacción en relación al total de días hábiles del período)
- Rotación (acciones transadas en relación al total en circulación)

Así, acciones con altos niveles de transacción, presencia y rotación serán más líquidas que otras con niveles más modestos. En períodos de gran dinamismo bursátil, la liquidez de las acciones tiende a acentuarse, sobre todo la de aquellas empresas cuyo capital se encuentra distribuido en un número apreciable de accionistas.

Riesgo

Cualquier inversión en el mercado de valores lleva implícito el problema del riesgo, más aún si se trata de una inversión en el mercado de acciones. Los precios de las acciones son esencialmente variables, pudiendo subir o bajar de acuerdo al comportamiento de una serie de factores de índole político, económico, financiero, etc.

Las expectativas juegan un rol fundamental en la volatilidad de los precios y en muchos casos, cuando estas expectativas se trasladan del plano personal al colectivo, conforman las tendencias positivas o negativas que se observan en el mercado. Invertir en acciones significa asumir un riesgo que de una u otra forma debe ser compensado con el propósito de que los recursos no sean desviados hacia otras alternativas más seguras, que impidan el financiamiento de las empresas a través de este sistema. El elemento clave que permite una inversión en acciones es la rentabilidad o retorno esperado. Mientras más alto sea el riesgo que se asuma, mayor será el retorno que se deba exigir, es decir, altos riesgos son penalizados con tasas de rendimiento exigidas también altas. Esta relación es básica en cualquier inversión financiera, pues la evaluación de riesgo y rentabilidad está presente en todas las decisiones de este tipo. El problema del riesgo ha sido estudiado profundamente durante los últimos años, pudiendo extraerse algunas conclusiones básicas que es importante mencionar. Primero, que el riesgo de las acciones es posible minimizarlo a través de una adecuada política de diversificación y, segundo que la inversión en acciones debe ser considerada en una perspectiva de largo plazo con el fin de evitar presiones negativas, derivadas de fenómenos de carácter coyuntural.

Renta Fija

Las necesidades financieras de mediano y largo plazo de una empresa no siempre son satisfechas por aportes directos de los propietarios, optándose en ciertos casos por el financiamiento vía terceros, es decir, personas o instituciones ajenas a la empresa que proporcionan los fondos necesarios a cambio de una retribución, que se expresa en una tasa de interés. De esta forma, la empresa adquiere una deuda que puede ser de dos tipos:

a) Directa con el acreedor, en caso que se negocie individualmente con la persona o institución proveedora de fondos, o

b) Directa con el público, en caso que se acuda a la oferta pública de valores.

Esta última alternativa, que es la que interesa describir, implica emitir valores, denominados instrumentos de renta fija (IRF), comprometiéndose de esta forma la empresa, a devolver el capital prestado en un plazo preestablecido y además, a pagar intereses hasta la fecha de vencimiento del empréstito. Estos instrumentos, que generalmente son comprados por un gran número de personas e instituciones, también pueden ser emitidos por el Estado, con el fin de obtener recursos para financiar diversas operaciones contenidas en el Presupuesto General de la Nación y en los planes operativos de los diversos organismos centralizados y descentralizados de la organización estatal. La explicación anterior permite caracterizar a los instrumentos de renta fija como aquellos títulos representativos de obligaciones a mediano y largo plazo (también lo pueden ser a plazo indefinido, En algunos países existen bonos estatales sin plazo de vencimiento (perpetuos), emitidos por entidades privadas o por el Estado, con el fin de obtener recursos que permitan el financiamiento de actividades productivas y obras de infraestructura. Al igual que las acciones, los instrumentos de renta fija representan una alternativa de obtención de recursos para el emisor, diferenciándose ambos métodos en el grado de compromiso que se adquiere. Utilizar el financiamiento vía emisión de acciones, significa incorporar recursos sin comprometer su devolución en un plazo determinado, en tanto que el financiamiento vía renta fija, implica adquirir un compromiso de devolver el capital y pagar intereses sobre lo prestado. En el primer caso, los recursos se incorporan a la empresa como pasivo no exigible (patrimonio), en cambio, en el segundo caso se incorporan como pasivo exigible (deuda). Desde el punto de vista del comprador, los instrumentos de renta fija son una alternativa de ahorro, cuya renta se conoce de antemano, si se decide mantener la inversión hasta la fecha de vencimiento pactada; en caso contrario, es decir, si se decide vender antes del vencimiento, la renta fija se transforma en una renta variable, pues el precio de estos instrumentos varía de acuerdo a los tipos de interés vigentes en el mercado, dando origen a pérdidas o ganancias de capital, que son independientes del flujo de intereses ofrecidos por el emisor.

PRINCIPALES CONCEPTOS

Cláusula de ajuste: con independencia de la moneda de emisión, puede contemplar cláusulas de ajuste que pueden aplicarse a su valor nominal o a su valor residual si se realizan amortizaciones periódicas.

Interés: es la renta prevista por el bono, se aplica, de acuerdo con las condiciones pactadas en su emisión y con las tasas del mercado que se eligió.

Los términos que se utilizan en los mercados que operan títulos públicos son los siguientes:

Valor nominal: es el valor de emisión del titulo.

Valor residual: es el valor de emisión del título menos el capital que ya se amortizó.

Valor técnico: se calcula tomando el valor nominal más los intereses devengados menos la amortización de capital si corresponde.

Intereses corridos: el pago de intereses se realiza en fechas que se establecen en el contrato de emisión del bono. En consecuencia, los intereses devengados sobre los cuales aún no puede exigirse su pago se denominan intereses corridos.

Paridad: la paridad técnica, surge de comparar el valor nominal con el valor técnico.

Cupón de renta anual: es la tasa anual utilizada para calcular los intereses que pagarán el bono.

(R): indica que en el próximo vencimiento abona únicamente renta.

T.I.R.: La tasa interna de retorno o TIR es una medida de rentabilidad de un bono. Esta tasa de rendimiento iguala el valor presente de los flujos (intereses y amortizaciones parciales), con el precio corriente del bono (Inversión Inicial). Para calcular la TIR se necesita saber las condiciones de emisión del bono respectivo.

OPCIONES

¿Qué es una opción? Una opción financiera es el derecho, pero no la obligación, de comprar o vender una cantidad especificada del activo subyacente, a un precio determinado (precio de ejercicio) en o hasta una fecha estipulada (vencimiento de la opción). El comprador de una opción paga una prima por el derecho de comprar (call) o vender (put) una unidad del activo subyacente, a un precio de ejercicio específico, en la fecha de vencimiento de la opción o antes.

• **Opción de Compra - Call**: Otorga el derecho a comprar una cantidad especificada del activo subyacente. El comprador de un Call paga una prima por el derecho, pero no la obligación, de comprar el activo subyacente, a un precio específico, en la fecha de vencimiento de la opción o antes. El vendedor de un

Call (lanzador) cobra una prima por la obligación de vender el activo subyacente a un precio especificado, si se le es requerido en la fecha de vencimiento o antes. El titular de la opción se protege así de una subida del precio del activo subyacente, asegurándose un precio máximo de compra.

• **Opción de Venta - Put**: Otorga el derecho a vender una cantidad especificada del activo subyacente. El comprador de un Put paga una prima por el derecho, pero no la obligación, de vender el activo subyacente, a un precio específico, en la fecha de vencimiento de la opción o antes. El vendedor de un Put (lanzador) recibe una prima por la obligación de comprar el activo subyacente a un precio especificado, si se le es requerido en la fecha de vencimiento o antes. El titular de la opción se protege así de una baja del precio del activo subyacente, asegurándose un precio mínimo de venta.

• **Precio de ejercicio de la opción**: Es el precio al cual el titular tendrá el derecho de comprar o vender el activo subyacente objeto de la opción. Es decir, es el precio al cual se puede "ejercer" la opción.

• **Fecha de vencimiento**: Es la fecha en que expira o vence la opción. Recordamos que las Opciones Americanas pueden ser ejercidas en cualquier momento, hasta la fecha de vencimiento. Es el sistema usual en los mercados institucionalizados y aplicado en el mercado bursátil doméstico. Las Opciones Europeas sólo pueden ser ejercidas en la fecha de vencimiento.

• **Prima**: Es el precio de la opción, que el comprador paga al vendedor. Se determina por la interacción de la oferta y la demanda. Se compone de Valor Intrínseco y Valor Tiempo.

• **Valor Intrínseco**: Es la diferencia entre el precio de contado y el precio del ejercicio. En el caso de la Opción de Compra (Call), si el precio de contado del activo subyacente es mayor que el precio de ejercicio de la opción hay un valor intrínseco y la opción está in-the-money. Si el precio de contado del activo subyacente es igual al precio de ejercicio

FUTUROS

Un contrato de futuros es un acuerdo para realizar un intercambio determinado en algún momento del tiempo. La fecha acordada de realización del intercambio difiere de la fecha del acuerdo. El mercado mundial de futuros más importante es el mercado de futuros Chicago Board of Trade (CBOT) y en Europa el London International Financial Futures and Options Exchange (LIFFE). Para el caso español MEFF (Mercado español de futuros financieros). Todos cuentan con una Cámara de Compensación independiente del propio mercado y de sus miembros, que garantiza el cumplimiento de los contratos negociados en el mercado, actuando como contrapartida de todas las operaciones. Para ofrecer esta garantía, la cámara gestiona un sistema de márgenes o depósitos en garantía que pueden ser de dos tipos:

- Al efectuar una operación (abrir una posición), se deposita en la Cámara de Compensación un margen de apertura.

- Todos los días se determina el precio a partir del cual es necesario reponer garantía adicional.

El sistema llamado de márgenes permite a la cámara garantizar el cumplimiento de todos los contratos. El resultado es un nivel de apalancamiento (ganancias/pérdidas) muy elevado con un nivel de riesgo muy pequeño. En el precio de futuros se incorporan las expectativas del mercado sobre la evolución probable del precio del activo subyacente. Solamente una parte muy pequeña de los contratos de futuros que se celebran concluyen con la entrega del activo o mercancía negociado. La mayoría de los contratos se liquidan (ante la cámara de compensación) tomando una posición que los contrarreste antes de que llegue la fecha de entrega.

Sea, por ejemplo, el comprador de un contrato de futuros que puede venderlo en cualquier momento antes de la fecha de entrega. De este modo, compensaría su posición en el activo subyacente, al disponer de contratos de compra y de venta. En España la negociación en el Mercado de Futuros del Aceite de Oliva (MFAO) se inició en enero de 2004, gestionado por la Sociedad Rectora de este mercado (MFAO, Sociedad Rectora del Mercado de Futuros del Aceite de Oliva, S. A.), que agrupa a la Junta de Andalucía, diversas entidades financieras y empresas del sector olivarero. En la actualidad es el único mercado establecido en España de productos derivados sobre subyacente no financiero (aceite de oliva), tras la desaparición del mercado de futuros y opciones sobre cítricos. Desde el 6 de febrero de 2004, fecha de apertura del MFAO, se negocian contratos de futuros sobre aceite de oliva, siendo el único Mercado de Futuros en el mundo donde se negocia aceite de oliva. En junio 2005 comenzó a funcionar el Registro Nacional de Derechos de Emisión de Gases de Efecto Invernadero (RENADE) que es el componente español del sistema de registros de derechos de la UE. El Registro nacional está adscrito al Ministerio de Medio Ambiente y su gestión fue encomendada a Iberclear en noviembre de 2004. Tras la incorporación de la normativa comunitaria al Derecho español (Ley 1/2005, de 9 de marzo y Real Decreto 1264/2005, de 21 de octubre) y sobre la base del Reglamento CE 2216/2004 de la Comisión de 21 de diciembre, comenzaron a registrarse derechos de emisión a los

que se ha otorgado el carácter de derecho negociable.

FONDO

¿Qué es un Fondo? Un Fondo es una sociedad que comprende varias decenas de operadores unidos en un despacho y que especulan en el conjunto de mercados financieros a partir de las informaciones que reciben. Estas informaciones se llaman "fundamentales"; estos fundamentales se componen de informaciones económicas (tasa de inflación, déficit presupuestario, balanza comercial, deuda pública, etc.), políticas (política económica, pero también composición de un gobierno, por ejemplo –La Fontaine dimite de su puesto de ministro de finanzas alemán y la Bolsa alemana sube-. La transparencia de las instituciones, la estabilidad del gobierno –Clinton se juega la destitución y la Bolsa americana cae, etc.) y psicológicas (varios operadores importantes especulan en un sentido y los otros operadores ven ahí un signo de subida de variación de las cotizaciones en ese sentido: es lo que se conoce como efecto borreguil).

Existen tres grandes tipos de Fondos que gestionan carteras de activos financieros (es decir, un conjunto de acciones, de obligaciones y de títulos monetarios en diferentes mercados):

1. **Los Fondos de pensión**: estos fondos colectan una parte del salario mensual de los trabajadores y especulan en los mercados financieros para hacer fructificar este capital colectado. El objetivo de estos Fondos es doble: primero, asegurar a los asalariados que cotizan una pensión al final de su carrera, estando el montante de la pensión otorgada determinada por contrato entre el Fondo y el asalariado; en segundo lugar, servir a obtener beneficios suplementarios por su propia cuenta.

2. **Los Fondos comunes de Inversión (o Fondos de Gestión Colectiva)**: son las SICAV y otros Mutual Funds; estos Fondos provienen de ahorradores que confían sus ahorros a estos 10 organismos, gestionados por un banco, una sociedad de Bolsa o una sociedad aseguradora. Estos organismos colocan estos ahorros en una cartera diversificada de bienes muebles (acciones y obligaciones) o de títulos de valor monetario (Bonos del Tesoro, etc.). Los ahorradores ven así sus ahorros gestionados por especialistas de la inversión, que corren un riesgo limitado por el hecho de la diversificación de las inversiones. Estos Fondos, gestionados por lo que se conoce como los inversores institucionales, especulan para asegurar un ahorro determinado a sus clientes y

para extraer beneficios suplementarios por su propia cuenta.

3. **Los Hedge Funds (Fondos especulativos o de resultados):** estos Fondos son organismos privados que gestionan sumas prestadas, diversificando los riesgos. Su único objetivo es la ganancia financiera. El Quantum Funds de Soros es el más conocido de ellos. La estructura de remuneración de estos Fondos crea problemas, ya que los gestores invierten también una parte de su dinero en sus inversiones. Sin embargo, ellos se benefician siempre con gusto de una parte de las ganancias, pero asumen las pérdidas a regañadientes. De eso resulta una acumulación de pérdidas que les empuja a acrecentar los riesgos de sus posiciones especulativas para

compensar sus pérdidas antes que aceptarlas. El resultados son los "doble o nada" sucesivos, que, en el caso de perder, pueden llevar a pérdidas importantes (ellos se encuentran en una incapacidad financiera de otorgar la solicitación de beneficios que la cámara de compensación les reclama –p.e. el mercado de productos derivados). Sin embargo, los Hedge Funds están financiados por dinero prestado. Por lo tanto, en caso de bancarrota, existe el riesgo de quiebras en cadena (p.e. los desengaños del LTCM). La influencia de estos Fondos sobre los mercados financieros es un tema fuertemente discutido. Pero la respuesta es en realidad matizada: es falso decir que un Fondo puede únicamente por sí mismo conducir a un crack bursátil; en efecto, el

Quantum Funds, que representa el 15% de la industria de los Hedge Funds, es muy activo en el mercado de cambios (mercado de divisas), comprometiendo una media diaria de 500 millones de dólares, lo que puede parecer enorme, pero que no supera 0,25% del volumen de transacciones diarias total en el mercado de cambios. No obstante, el efecto borreguil (p.e. los fundamentales psicológicos, que provienen principalmente del hecho de que se miden los resultados de un inversor institucional en relación a sus iguales y no de forma absoluta), en los riesgos tomados por los Fondos (y por tanto los movimientos de capitales –las órdenes de compra y venta de activos en los mercados mundiales) pueden entrañar movimientos de capital susceptibles de conducir a un crac.

INDICE BURSATIL

El índice bursátil de una Bolsa es el indicador que representa la evolución de la cotización de una selección de acciones representativa de esta Bolsa. Para verlo más claro, cada Bolsa poseerá su indicador (su índice bursátil), que incluye las acciones de un cierto número de empresas mayores cotizadas en el seno de esta Bolsa: en Bélgica, es el BEL 20 (que incluye las acciones de 20 empresas mayores), en Francia, es el CAC 40 (que incluye las acciones de 40 empresas representativas), en EEUU, es el Dow Jones, en Japón el índice Nikkei 225, en Gran Bretaña el Financial Times Index, en Indonesia el Straits Times Index, en Alemania el índice Dax, etc. Podemos añadir, como información, que existen al margen de estos índices tradicionales, otros índices más amplios, es decir, que incluyen un número más importante de acciones representativas; encontramos así en Francia títulos, entre los cuales los 40 del CAC 40) . Estos índices son entonces el barómetro de la Bolsa en la cual ellos son negociados,

PRINCIPALES BOLSAS A NIVEL MUNDIAL

En teoría, un país contiene Bolsas regionales y una plaza central, pero en la práctica, y después de la globalización financiera, la actividad bursátil de cada país tiene cada vez más tendencia a concentrarse en una única plaza central (Nueva York, Londres, Frankfurt, Paris, Tokyo…)

❖ **La Bolsa de Nueva York (EEUU):** La Bolsa nacional americana es evidentemente la más rica (la más capitalizada) del mundo y la más representativa (a causa del rol central jugado por el dólar en las transacciones internacionales). Ella contiene dos departamentos: el NSYE (Nex York Stock Exchange), más conocida bajo el nombre de Wall Street y la Nasdaq. El NYSE (Wall Street) fue creado en 1792 y cotiza las mayores empresas americanas (Exxon, Coca Cola, IBM, General

Motors, etc.). Las condiciones de entrada en la NYSE son precisas y comprenden los beneficios de la empresa, el número de activos (acciones) difundidas públicamente y el tamaño (valor) de los activos que tiene. La NYSE posee únicamente un mercado al contado (el mercado a término americano está situado en Chicago), pero se puede actuar en descubierto (es decir, endeudándose), pidiendo prestado a los corredores de capitales, con la condición de pagar los intereses y entregar un depósito. La Nasdaq, por su parte, nació en 1971, y no posee criterios de entrada estrictos (gastos a pagar reducidos, condiciones de admisión flexibles), es completamente electrónica (no se encuentra por tanto invadida por ruidosos corredores, como es habitual en este tipo de lugares) y toma sobretodo la forma de la Bolsa

39

americana que permite la entradad en la economía de mercado financiero a nuevas empresas americanas con un gran crecimiento. Empresas como Compaq o Microsoft se cotiazan aquí, lo que ilustra el desarrollo fulgurante de esta Bolsa: es en efecto el mercado que reúne la mayoría de los valores cotizados en el mundo (como información, el equivalente europeo de la Nasdaq es la Easdaq). Encontramos también en Nueva York la AMEX (American Exchange), la más anciana de las tres, que tiene el mismo funcionamiento que Wall Street, pero con condiciones de entrada menos duras financieramente. Su actividad está en disminución desde hace varios años, habiendo sido acaparado su potencial por la electrónica de la Nasdaq. Finalmente, el mercado americano a término (el de los productos derivados) está situado en chicago

❖ **La Bolsa de Londres (GB):** Londres, al especializarse en valores extranjeros y al aprovechar la multiplicación de los eurodólares (los dólares apátridas creados en su origen por los comunistas), se ha convertido en el verdadero centro financiero mundial. Es así, en su International Equity Market donde se intercambian los valores extranjeros atraídos por el hecho de que el mercado británico no presenta ninguna fiscalidad para las transacciones que alberga (no es pedido ningún impuesto de Bolsa). El London Stock Echange comprende también el Mercado Oficial (mercado a término que reúne las medidas americanas cómo Shell o Guinness) y el Alternative Investment Market, especie de Nasdaq inglés que favorece la entrada en Bolsa de empresas de tamaño medio con fuertes crecimientos (por condiciones de admisión mucho menos desfavorables que las del Mercado Oficial, donde el coste de entrada es, por ejemplo, más elevado). El Investment Market fue creado en 1995 para reemplazar al Unlisted Stock Market (creado en 1980).

❖ **La Bolsa de Frankfurt (Alemania):** Es el verdadero centro de un mercado bursátil alemán organizado siguiendo una lógica federal propia a la cultura institucional del país (encontramos Bolsas regionales en Berlín, Brême, Hannover, Munich…). La aparición del Euro y el establecimiento de la BCE en Frankfurt tiene evidentemente como consecuencia reforzar la

Bolsa de Frankfurt en el corazón de Eurolandia (los países que han adoptado el Euro como moneda).

❖ **La Bolsa de París (Francia):** En Francia, teniendo una tradición centralista y empresas importantes que tienen todas su sede social en París, todo se produce en la capital frances, tercera plaza europea en términos de capitalización (detrás de Londres y las plazas alemanas). La Bolsa de París ses distingue sobre todo en materia de SICAV, de Fondos Comunes de Inversión y de productos derivados (sobre todo en el MATIF).

EL MERCADO MONETARIO

Al lado del mercado de los capitales a largo plazo (la Bolsa de las acciones y de las obligaciones), se encuentra el mercado de capitales a corto y medio plazo (el mercado monetario y el mercado de cambios).

El mercado monetario es, como su propio nombre indica, el mercado en el cuál se negocia la moneda nacional, es decir que es hacia este mercado a donde se va uno a dirigir para negociar los problemas ligados a la cantidad de moneda. Vamos por tanto a encontrar el Banco Central (organismo nacional encargado de gestionar la moneda del Estado), los bancos (encargados de los préstamos para las inversiones), los establecimientos de crédito, etc., que se intercambiarán títulos y moneda, para poder prestar el dinero líquido necesario para la economía (rol de la

Banca, de los establecimientos de crédito…) y para controlar la inflación (papel del Banco Central).

En definitiva, es todo el sistema del mercado monetario quién determinará la evolución del crédito (y por tanto de las inversiones en ese país, ya que sin crédito líquido, la economía real estaría paralizada) y de la masa monetaria en un país (y por consiguiente de la inflación, es decir, del valor de la moneda, del poder de compra y por tanto de los beneficios reales). El mercado monetario está compuesto por el Mercado interbancario y por el Mercado de títulos negociables:

El Mercado interbancario del mercado monetario permite a los bancos intercambiar sus excedentes y sus déficits dentro de la moneda central nacional. Los actores del Mercado interbancario son entonces:

- De una parte, el Banco central del país, encargado de gestionar la masa de dinero en

45

circulación, para que ésta corresponda a las necesidades de la economía real (hace falta que él determine el valor de los bienes y de los servicios disponibles y que evite cualquier inflación, es decir, cualquier alza repentina de los precios debida al hecho de que hay demasiado dinero en circulación en relación al valor de los bienes y servicios – como para cualquier producto, cuanto menos escaso es el dinero, menor valor adquiere).

- Por otra parte, los bancos van a buscar el dinero nacional necesario para sus operaciones de crédito en el Banco Central.

En definitiva, en el mercado interbancario se encontrarán los bancos ávidos de liquidez para sus créditos (intentarán de tener la máxima posible, ya que un crédito proporciona intereses) y los Bancos centrales nacionales encargados de estabilizar la masa monetaria nacional (es decir, de asegurar que no entregan demasiado dinero líquido en relación a las necesidades económicas en bienes y servicios).

EL MERCADO DE CAMBIOS

El mercado de cambios es igualmente conocido, al lado del mercado monetario, bajo la apelación de mercado de capitales a corto y medio plazo (en oposición al mercado de capitales a largo plazo: la Bolsa). Es a menudo conocido por su acrónimo inglés: FOREX.

El mercado de cambios no está localizado materialmente en un lugar preciso; en efecto, este mercado toma la forma de una red electrónica internacional (que se ha vuelto posible por los progresos en comunicación), que funciona continuamente (esto gracias a los desfases horarios) cinco días a la semana. El mercado de cambios es así un lugar abstracto (informático), donde se encuentran el conjunto de ofertas y de demandas de divisas (es decir, de monedas extranjeras).

El mercado de cambios es sólo una interconexión electrónica de tablas de arbitraje (una tabla de arbitraje es el sitio donde los cambistas trabajan en un banco) a lo ancho del mundo, apelando al "provider" habitual que es Reuters (telecomunicaciones). Esto se parece a un lazo permanente como el de Internet, donde únicamente los afiliados tienen acceso. No existe entonces un lugar único aparte de esta red de ordenadores especializados.

El mercado de cambios, en el cual sumas astronómicas son diariamente intercambiadas, alberga tres grandes tipos de interventores: Los Bancos Centrales, los bancos y las empresas multinacionales. Él comprende todas las operaciones de préstamo y de crédito, por un lado, de compra y venta por el otro, haciendo intervenir las divisas; así, si una empresa belga importa de Gran Bretaña, necesitará Libras esterlinas para pagar su compra y deberá entonces dirigirse al mercado de cambios. Paralelamente, si un banco londinense financia un proyecto americano, se dirigirá al mercado de cambios para obtener los dólares que necesite.

Aun cuando es cierto que el mercado de cambios es un lugar abstracto informatizado, sesiones de cotización son, a pesar de todo, organizadas a nivel nacional en la Bolsa o por el Banco Central, teniendo el objetivo de informar a los interventores. Estas cotizaciones son definidas a partir de la moneda nacional –se habla en este caso de "cotización al certero"- (por ejemplo, en Suiza, las divisas del mundo entero serán comparadas al Franco suizo: X euros=1 Franco suizo), Asi como también seran definidas a partir de divisas extranjeras –hablamos entonces de "cotización al incierto"- (por ejemplo, en Suiza, el Franco suizo será comparado a las divisas extranjeras: 1 dólar=X Francos suizos).

Estas cotizaciones (estos tipos de cambio) son únicas en cualquier lugar del mundo (las plazas financieras estando ligadas gracias a los medios de comunicación modernos: los tipos de cambio de cada banco serán entonces determinados por estas cotizaciones, lo que impide en teoría vender los dólares a un precio diferente del banco de al lado), corriendo a cargo de los arbitrajistas y asi corregir las eventuales incoherencias (el euro está a 1,08 dólares en Paris y a 1,09 en Frankfurt , el arbitrajista lo detecta y compra a París para revender en Frankfurt; mediante esta operación, la cotización del euro sube en París y baja en Frankfurt –la cotización sube cuando se compra y cae cuando se vende, como para las acciones, etc.-, mientras que el arbitrajista obtiene simultáneamente un beneficio, al comprar el euro más barato en París de lo que lo vende en Frankfurt).

Algunos bancos internacionales "controlan" este mercado de cambios y están principalmente basados en Nueva York y en Londres (en 1995, 10 operadores garantizaron el 47% de las operaciones en Nueva York, 10 intermediarios garantizaron el 40% de las transacciones en Londres, 6 garantizaron el 69% en París, etc.). La concentración de los que dan las órdenes es muy grande: la mitad de las transacciones son ordenadas en Londres y en total, en 1998, Londres, Nueva York, Tokyo, Frankfurt y París concentraban 2/3 de las operaciones mundiales (8 plazas concentraban el 82% de las operaciones de cambio mundiales). Al igual que el mercado bursátil, el ercado de cambios se compone de un mercado al contado

MERCADOS EMERGENTES Y CRISIS DEL ENDEUDAMIENTO

Desde el fin de los años 70, el mundo tiende a tomar la forma de un gran mercado integrado autorregulado, en el cual han sido integrados los países en vías de industrialización; estos países, que representan aproximadamente el conjunto del Tercer Mundo, han sido llamados mercados emergentes, por el hecho de las perspectivas de rendimientos elevados que representan. Estos mercados emergentes han visto así presentada para ellos, como único medio de desarrollo, una integración a la economía mundial, a través de las inversiones internacionales en proveniencia del Norte. Sin embargo, lo mínimo que se puede decir es que estos países emergentes no han parado de ver su endeudamiento crecer peligrosamente.

Un ciclo infernal de la deuda afecta actualmente el conjunto del Tercer Mundo; Esta situación tiene su origen en los años 70, cuando los bancos del Norte se encontraron con un surplus de capitales (principalmente los petrodólares, provenientes de la OPEP, y los eurodólares, los dólares apátridas), y los han prestado generosamente con tipos de interés muy bajos, incluso negativos, a los gobiernos del Sur.

El alza súbita de los tipos de interés (llegando incluso a superar las dos cifras), decidido unilateralmente por el Norte en los años 80, sumergió a continuación a los países del Sur en un "efecto bola de nieve", obligándoles a pedir prestado para pagar deudas que no cesaban de aumentar. Esta realidad arrastra a las poblaciones del Sur hacia una crisis de la deuda (1982). Esta crisis de la deuda empieza con una serie de préstamos destinados a permitir al Sur el pago de sus deudas. Pero esta vez, los préstamos acordados están "ligados" a condiciones político-económicas estrictas: sólo reciben el préstamo aquellos que aceptan adoptar una política de reajuste estructural. Esta última, orquestada en concierto por el FMI y el Banco Mundial, consiste en hacer adoptar al país que pide el préstamo una política dirigida a resolver sus problemas de déficit, tomando medidas para la utilización del dinero desprendido de esta política. En definitiva, el FMI y el Banco Mundial intervienen directamente en la política económica del país que toma prestado, para asegurarse de que el dinero del Norte sea debidamente reembolsado. El problema es que esta política de reajuste estructural, preconizada en todo el mundo, se revela ineficaz y creadora de pobreza.

En efecto, ésta se limita a un programa estrictamente económico que comporta, en un primer momento, una devaluación de la moneda, una estimulación de las exportaciones y una austeridad presupuestaria –cortes drásticos en los presupuestos sociales, despidos de empleados del sector público, disminución por parte del Estado de los servicios básicos, de salud, de educación, eliminación del control de los precios, de los subsidios, de la inversión en infraestructuras, subida del precio de los carburantes y de los servicios públicos, eliminación de la definición legal de salario mínimo, etc. En la segunda fase del programa, son aplicadas reformas estructurales: liberalización del comercio y del sistema bancario, privatización de las empresas públicas y de la tierra, reforma de la tasación (introducción de un IVA, de una tasa sobre las ventas...), desreglamentación del mercado de trabajo, reforma del sistema de pensiones (aplicación de un ahorro por capitalización y de Fondos de Pensiones), etc.

En definitiva, al aumentar los precios y disminuir las rentas, la población ve lógicamente aumentar su tasa de pobreza y de exclusión. Peor aún, los efectos de la política de reajuste estructural, además de empujar a millones de personas a la extrema pobreza, conducen a un nuevo mecanismo de endeudamiento. En efecto, la política de reajuste estructural –basada en la exportación de materias primas-, al haber sido impuesta en todas partes en el Tercer Mundo, ha hecho que los países del Sur se hicieran narturalmente competencia en el mercado mundial; a resultas de eso, este mercado, demasiado lleno de materias primas arrastró a una caída progresiva de sus precios. El Sur se vio así obligado a vender sus riquezas naturales a precios siempre decrecientes, y después a comprar los productos acabados provenientes del Norte, a precios siempre crecientes. De esto resultó lógicamente un crecimiento del endeudamiento del Sur, que se encuentra hoy en día cuatro veces más endeudado que hace 15 años. Esta situación insostenible tiene evidentemente incidencias en el conjunto del planeta; en efecto, las empresas del Norte tienen cada vez más dificultad a vender sus productos, realidad que se agravó todavía más desde la crisis asiática. Esta surproducción, evidentemente ligada al empobrecimiento de las poblaciones, tiene lógicamente el poder de alterar los beneficios de las empresas. De esto resulta que sus accionistas – especialmente los Fondos de Pensión-, habiendo estado habituados a una tasa de beneficios del 15% en los años 80, se aferran a esta tasa e imponen despidos masivos, para transferir una parte de las rentas del trabajo hacia las del capital. Lo que entraña una pobreza acrecentada en el Norte y un estrangulamiento financiero en el Sur.

Hoy en día, vivimos una nueva crisis de la deuda, proveniente del hecho de que los precios de las materias primas vendidas por los países del Sur en el mercado mundial han bajado considerablemente, mientras que los tipos de interés aplicados por el servicio de la deuda han aumentado. Así, si desde el estallido en 1982 de la precedente crisis de la deuda, los países del Tercer Mundo han devuelto 4 veces lo que debían y se encuentran actualmente 3,5 veces más endeudados que entonces. En efecto, en 1982, la deuda total del Tercer Mundo se elevaba a alrededor de 590.000 millones de dólares, mientras que al final de 1998, alcanzaba 2,03 billones. Esto cuando ha devuelto alrededor de 2,5 billones durante el mismo periodo. Esta situación no impide por otro lado que el Sur, a pesar de las ideas recibidas, transfiera más dinero al Norte de lo que él recibe en contapartida; en efecto, en 1998, el Tercer Mundo devolvió 30.000 millones de más de lo que recibió como nuevos préstamos.

CONCLUSIONES

Los mercados financieros son la base de las economías modernas, ya que constituyen uno de los principales mecanismos por medio de los cuales se realiza la asignación de recursos a distintos sectores productivos, y por otro lado juega un papel relevante dentro del marco de formulación y aplicación de la política económica de todos los paises.

Como ya hemos visto de manera muy resumida y didáctica, podemos concluir que los mercados de capitales y sus instrumentos son para la economía como la sangre es para el cuerpo humano.

Es por ello la importancia de conocerlos, estudiarlos y sólo a través de este conocimiento y utilizandolo adecuadamente como herramientas de crecimiento, podemos continuar con el aporte en la evolución de estos sistemas para generar un sistema financiero eficiente y estable para todos sus actores.

www.ingramcontent.com/pod-product-compliance
Lightning Source LLC
Chambersburg PA
CBHW071234220526
45468CB00002B/847